# EDICT DV ROY

## Du mois de Fevrier 1620.

Pour la Creation, vente & reuente, attribution en heredité des Offices de Polices des Courtiers de Draps, Laines, Toilles, & autres marchandifes; Vendeurs de Poiffons, de Beftial, Mefureurs & Porteurs de Bleds, de Sels, Meffagers, Iurez Maçons, Clercs de l'Efcritoire, Controlleurs de quatre, huiĉt & vingtiefme Arpenteurs de Terres & Bois, & autres menus Offices de Police exercé par commiffion.

*Verifié en Parlement, Cour des Aydes lés 18. & 24. Fevrier 1620.*

*Auec la Declaration & Commißion des Commiffaire deputez pour l'execution dudit Edict & Arreft du Confeil d'Eftat donné en confequence.*

✤❁✤

## A PARIS,

Chez PIERRE CHARPENTIER, à l'entrée du Quay de Gefvre, au Paradis.

## M. DC. LIV.

**L**OVIS par la grace de Dieu Roy de France & de Nauar-re, A tous preſens & à venir, Salut. Les mouuemens qui n'ont eſté que trop frequens en ce Royaume, depuis noſtre aduenement à la Couronne : Meſmes le dernier lors quĕ nous penſions faire iouyr nos ſubiets d'vn ferme & aſſeuré repos, & mettre nos Finances en ſi bon ordure que le reuenu ordinaire peuſt ſuffire pour ſupporter les deſpenſes de noſtre maiſon & de l'Eſtat, Nous ayant contraint d'auoir recours à des moyens extraordinaires, à meſure que les occaſions des deſpenſes ſe ſont preſentées, & nous y contraignans encore pour remplacer le fonds & reuenu ordinaire, tant de cette année que de l'année prochaine pris par anticipation, & conſumé pour ſeruir aux deſpenſes du dernier mouuement, & à celles qu'il a conuenu faire pour eſtablir & affermir la Paix; & payer le dot & frais du mariage de noſtre tres-chere ſœur la Princeſ-ſe de Piedmont: Toutesfois nous ne nous

A ij

sommes seruis que de ceux qui ont esté les
plus tolerables & moins à la foule & charge
de nos subjets; ayãt mieux aymé prendre sur
nous-mesmes, & auec quelque legere diminution de nos Finances, que d'y proceder
par nouuelle imposition sur eux; Et desirant
tesmoigner tousiours à nosdits subjets le
soin particulier que nous auons de les bien
traitter, encore que nostre necessité presen-
te soit telle & si vrgente, qu'elle meriteroit
d'estre secouruë par des moyens fort prõpts:
Neantmoins sur la proposition faite en nostre Conseil, de mettre en heredité aucuns
petits Offices sans gages, & qui ne tiennent
aucun lieu en l'administration de la Iustice
& des Finances, & faire faire l'establissemẽt
d'iceux és lieux où ils ont esté negligez pour
en tirer quelque secours en cette necessité
de nos affaires : Nous nous sommes arrestez
à ce moyen : A ces causes, ayant fait mettre
cet affaire en deliberation en nostre Cõseil,
où estoient aucuns Princes de nostre Sang,
Officiers de nostre Couronne, & plusieurs
autres grãds & notables personnages: Nous
de l'aduis de nostre Conseil, & de nos certaine science, pleine puissance & auctorité
Royale, Auons par cestuy nostre present
Edict perpetuel & irreuocable, dit, statué

& ordonné, difons, ftatuons & ordonnons,
voulons & nous plaift, Que tous offices de
Courtiers de Vins, Laines, Cuirs, & toutes
autres marchandifes, Aulneurs & Vifiteurs
de draps & toiles, Vendeurs de poiffon de
Mer, frais, fec & falé, Vendeurs de beftial à
pied fourché : les Mefureurs & Porteurs de
Bleds & autres grains: Iurez Meffagers ordinaires des Villes, Iurez Maçons, Charpen-
tiers & Clercs de l'Efcritoire, Côtroolleurs
des Plaftres à Paris, Controolleurs aux portes de ladite Ville, & des Arpenteurs, & Mefureurs Iurez des terres, bois, eaux & forefts:
Tous lefdits offices cy deuant creez par
Edicts, pour en iouyr par les pourueus en
tiltre d'office: Seront d'orefnauãt hereditaires & poffedez par ceux qui en iouyffent à
prefent auec le droict d'heredité, fans qu'ils
foient fujets à vacquer par le decez de ceux
qui en font ou ferõt cy apres pourueuz, ains
conferuez aux familles par leurs decez : & y
eftre par nous pourueu fur la nomination de
leurs veufues, enfans ou heritiers pour iouyr
defdits offices & des droicts, Priuileges,
preeminences & immunitez dont ils ont
bien & deuëment iouy, & qui leur font at-
tribuez, fans aucune diminutiõ ny augmen-
tatiõ d'iceux ; A la charge de nous payer par

les pourueus defdits offices fináce moderée
par forme de supplément pour l'attribution
dudit droiⅽt d'heredité, felon la taxe qui en
fera faiⅽte en noftre Confeil : ou à faute de
payer par eux ou aucuns d'eux ladite taxe, il
fera procedé à la reuente de leurs offices, re-
mettans à leur option de payer ladite taxe,
ou fouffrir ladite reuéte : à laquelle par faute
de payement dudit fupplément, fera auec
ledit droiⅽt d'heredité procedé par les Commiffaires qui feront à ce par nous deputez :
Et ce faifant, Nous voulons que les officiers
pourueuz foient rembourfez aⅽtuellement,
& à vn feul payemét, de la fináce qu'ils iufti-
fieront auoir payée par la quittance du Tre-
forier des parties cafuelles, ou Commis par
nous à la recepte des deniers de la véte defdits offices pour l'achapt & compofition d'i-
ceux en nos coffres. Et quant aux autres qui
ne les ont euz direⅽtement de nous ; mais de
quelques particuliers defquels ils les ont acquis, feront auffi rembourfez, enfemble de
leurs frais & loyaux coufts, felon ce qui fera
ordóné en noftre Cófeíl; fans qu'ils puiffent
eftre depoffedez, qu'au preallable leurdit
rembourfemét n'ayt efté fait. Comme auffi
fera procedé par lefdits Commiffaires à la
vente & eftabliffement, auec ledit droiⅽt

d'heredité defdits offices és lieux & endroits
où ils n'ont encores efté eftablis depuis les
Edicts de creatiõ d'iceux: A la referue neátmoins de ceux aufquels nos chers & bien
amez les Preuoft des Marchands & Efche-
uins de noftre bonne ville de Paris, & autres
Villes & Communautez qui ont droict &
faculté d'y pouruoir; & pareillement des offices de Meffagers, efquels le Recteur de
l'Vniuerfité pretend mefme priuilege ; aufquels nous n'entendons faire aucun preiudice, ains voulons eftre conferuez en leurs
droicts; les exceptant audit cas de l'heredité
pour demeurer en offices, ainfi qu'ils font à
prèfent: & à ceft effect reprefenteront leurs
tiltres de leurfdits priuileges aufdits Commiffaires, pour eftre veus & rapportez en
noftredit Confeil. S i donnons en mandement à nos amez & feaux Confeillers les
Gens tenans nos Cours de Parlement & des
Aydes, & à tous nos autres Iufticiers & Officiers qu'il appartiendra, chacun endroit foy,
Que ces prefentes ils facent lire, publier &
enregiftrer, & du contenu en icelles ils facent, fouffrent & laiffent iouïr & vfer ceux
qui feront pourueus defdits offices auec ledit droict d'heredité, pleinement & paifible-
ment, fans fouffrir ny permettre qu'il y foit

ne puisse estre contreuenu en aucune maniere, cessans & faisant cesser tous troubles
& empeschemens au contraire: Car tel est
nostre plaisir, Nonobstant tous Edicts &
Declarations, oppositions ou appellations
quelconques, pour lesquelles ne voulons
estre differé. Et afin que ce soit chose ferme
& stable à tousiours, Nous auons fait mettre nostre seel à cesdites presentes. Donné
à Paris au mois de Feurier, l'an de grace mil
six cens vingt. Et de nostre regne le dixiéme.
Signé, LOVIS. Et sur le reply, Par le Roy,
DE LOMENIE. Et à costé, Visa. Et seellé du
grand seau de cire verte sur lacs de soye.

*Leu, publié & registré, present & requerant le Procu-
reur general du Roy: & ordonné que copies collationnées
seront ennoyées aux Bailliages & Seneschaußees, pour
y estre leuës, publiées, registrées & executées selon leur
forme & teneur. A Paris, en Parlement, le Roy y seant,
le 18. Feurier mil six cens vingt. Signé, DV TILLET.*

*Leu, publié & registré par le commandement du Roy,
porté par Monsieur le Prince de Condé, aßisté des sieurs
de Chasteau-neuf, Ieannin & Vignier, Conseillers au
Conseil d'Estat de sa Maiesté: Oüy & consentant le
Procureur general du Roy. A Paris en la Cour des Aydes le vingt-quatriéme Feurier mil six cens vingt.*
Signé,      PAVLMIER.

*ARREST*

## ARREST DV CONSEIL

*du Roy, par lequel est ordonné que Lettres de Declaration seront expediées pour regler l'heredité mentionnée en l'Edict cy dessus.*

VR ce qui a esté representé au Roy en son Cõseil, Qu'encores que par l'Edict fait au mois de Feurier dernier, pour l'heredité des Offices de Police, Sa Majesté ayt entendu comprendre sous termes generaux ( auec ceux qui sont declarez par iceluy ) tous les menus Offices de Police creez par Edicts : Et qu'en faisant ladite heredité, elle n'ayt eu autre intention que d'asseurer & conseruer lesdits Offices aux veufues & heritiers des pourueus d'iceux, aduenant leur decez, & de tirer d'eux en ce faisant pour le secours de ses affaires, les sommes à quoy ils seroient taxez en sondit Conseil pour ladite heredité : Neantmoins aucuns des pourueus desdits menus Offices, compris sous termes generaux au

B

dit Edict, craignent qu'on ne leur vueille
debattre à l'aduenir la iouyssance dudit
droict d'heredité, pour n'y estre la qualité
de leurs Offices particulierement exprimée: Et que outre ce, les pourueus tant desdits menus Offices, que de ceux qui sont à
plein specifiez & declarez en iceluy Edict,
doutent qu'apres auoir acquis ledit droict
d'heredité, il fust cy apres procedé à la reuente de leursdits Offices, soit sur eux ou
leurs successeurs : En quoy ils receuroient
vn notable preiudice s'il ne leur estoit pourueu de tiltre pour les garantir de ladite reuente ; attendu que faisant icelle, ils ne seroient rembourfez que sur le pied de la finance payée par leurs predecesseurs aux
parties Casuelles, qui ne reuiendroit pas à
beaucoup prés de ce qu'ils en ont payé aux
particuliers, au lieu desquels ils sont à present pourueus: Et que sur tels doutes & in-
certitudes de la nature de ladite heredité, Il
seroit necessaire que sa Majesté les esclair-
cist & donnast à entendre plus precisément
son intention: Veu ledit Edict du mois de
Feurier dernier, & Arrests de verification
sur iceluy, LE ROY en son Conseil, A ordonné & ordonne, qu'auec tous les Offices
de Courtiers de Vins, Laines, Cuirs & tou-

tes autres fortes de marchandifes, Aulneurs
& Vifiteurs de Draps & Toiles, Vēdeurs de
poiſſon de Mer, frais, ſec & ſalé, Vendeurs de
beſtial à pied fourché, les Meſureurs & Porteurs de Bleds & autres grains, Iurez Meſſagers ordinaires des Villes, Controolleurs
de Plaſtres, Controolleurs aux portes de la
ville de Paris, & autres declarez par ledit
Edict; Seront auſſi compris les Controolleurs des ports de ladite ville de Paris; les
Gardes des Impoſitions eſdites portes &
ports : Enſemble les Commiſſaires & Controolleurs des Quatrieſme, Huictieſme, &
Vingtieſme : les Meſureurs, & Porteurs de
Sel : les Viſiteurs & Langayeurs de Porcs,
& autres menus Offices de Police creez par
Edicts ; encores qu'ils ne ſoient particulierement exprimez par ledit Edict: Declarant
ſadite Majeſté que tous leſdits Offices de
Police, dont les pourueus financeront aux
parties Caſuelles les ſommes à quoy ils ſeront taxez, pour jouyr dudit droict d'heredité ſuiuant ledit Edict, ne ſeront ſubiects à
aucune reuente ſur leſdits pourueus ny ſur
leurs ſucceſſeurs, ny cenſez & reputez eſtre
par eux tenus ou poſſedez ſous la faculté &
condition de rachapt perpetuel , comme
ſont les Offices de Notaires Royaux heredi-

taires, establis és Villes & Paroisses de ce
Royaume, distraits de son Domaine: Et que
ledit droict d'heredité attribué par ledit E-
dict aux pourueus desdits Offices, ne se
pourra estendre qu'à leur benefice, & de
leur premier resignataire ou successeur en
leursdits Offices; dont aduenant le decez,
lesdits Offices seront côseruez à leurs veufues & heritiers; Et par sa Majesté & ses successeurs, pourueu à iceux de personnes suffi-
santes & capables sur les demissions ou pre-
sentatiôs desdits heritiers, sans pour ce payer
aucune nouuelle finance, ny marc d'or: A la
charge neantmoins que ceux au profit desquels lesdits premiers resignataires auront
disposé desdits Offices, ne pourront iouyr de
ladite heredité; & que venant à deceder sans
auoir resigné ou fait admettre leur resigna-
tion dans le temps accoustumé, leurs Offices demeureront vacans & impetrables,
ainsi que les autres Offices dependans desdites parties Casuelles, dans lesquels ils rentreront comme ils sont à present. Voulant
sadite Majesté que pour cet effect il en soit
expedié telles lettres de Declaration que
besoin sera, qu'elle entend estre leuës & publiées en sa grande Chancellerie, le sceau tenant, & registrées és registres de l'Audience

d'icelle, à ce qu'aucuns des pourueus des suſdits Offices n'en pretendent cauſe d'ignorance. Fait au Conſeil d'Eſtat du Roy, tenu à Fontainebleau, le huictieſme iour d'Auril mil ſix cens vingt.

---

## DECLARATION DV ROY,

*donnée en conſequence dudit Arreſt, ſur ledit Edict; Par laquelle ſa Majeſté regle l'heredité des Offices mentionnez par leſdits Edicts & Declaration, & declare n'auoir entendu que ceux deſdits Offices dont les pourueus auront pris ladite attribution, ſoient ſujets à aucune reuente.*

LOVIS par la grace de Dieu Roy de France & de Nauarre, A tous ceux qui ces preſentes lettres verront, Salut. Encore qu'en l'Edict par nous fait au mois de Feurier dernier, pour l'heredité des Offices de Police, Nous ayons entédu comprendre ſous termes generaux ( auec ceux

qui font declarez par iceluy) tous les menus
Offices de Police creez par Edicts ; & qu'en
faifant ladite heredité, Nous n'ayons eu autre intention que d'affeurer & conferuer
lefdits Offices aux veufues & heritiers des
pourueus d'iceux, aduenant le decez, & de
tirer d'eux en ce faifant, pour le fecours de
nos affaires, les fommes à quoy ils feroient
taxez en noftre Confeil pour ladite heredité ; Neãtmoins il nous a efté reprefenté, que
aucuns des pourueus defdits menus Offices,
ainfi compris fous termes generaux en noftredit Edict, craignent qu'on leur vueille
debattre à l'aduenir la iouyffance dudit
droict d'heredité, pour n'y eftre la qualité de
leurs Offices particulierement exprimée:
Et qu'outre ce les pourueus tant defdits menus Offices, que deceux qui font declarez &
fpecifiez par noftredit Edict, doutent qu'a-
pres auoir acquis ledit droict d'heredité,
Nous vouluffions faire proceder à la reuente de leurfdits Offices, fur eux ou leurs
fucceffeurs ; en quoy ils receuroient vn notable preiudice, pour ce qu'ils ne feroient
rembourfez que fur le pied de la finance
payée par leurs predeceffeurs en nos parties
Cafuelles pour lefdits Offices ; qui ne reuié-
droit à beaucoup pres de ce qu'ils ont payé

aux particuliers; ce qui eſt directement contraire à la ſincerité de noſtredite intention:
De laquelle deſirant rendre les vns & les
autres pleinement eſclaircis & aſſeurez, &
leuer toute doute & incertitude qui ſe pour-
roient preſenter ſur ce ſujet; A ces cauſes,
de l'aduis de noſtre Conſeil, & de noſtre
certaine ſcience, pleine puiſſance & auctorité Royale, en interpretant noſtredit Edict
du mois de Feurier dernier, dont copie eſt
icy attachée ſous noſtre contreſeel; Auons
par ces preſentes ſignées de noſtre main,
Dit, declaré & ordonné, Diſons, decla-
rons & ordonnons, qu'auec tous les offices
de Courtiers de Vins, Laines, Cuirs & toutes autres ſortes de marchandiſes, Aulneurs
& Viſiteurs de draps & toiles, Vendeurs de
poiſſon de Mer, frais, ſec & ſalé, Vendeurs
de beſtial à pied fourché, les Meſureurs &
Porteurs de Bleds & autres grains; Iurez
Meſſagers ordinaires des Villes, Controol-
leur de plaſtre, Controoͤlleurs aux portes de
noſtre ville de Paris, & autres declarez par
noſtredit Edict; Nous auons entendu comprendre & voulons eſtre entendu & compris, les Controoͤlleurs de nos ports de ladite ville, les gardes de nos Impoſitions eſdites
portes, & ports d'icelle: Enſemble les Com-

miſſaires & Controolleurs des Quatriéſme,
Huictiefme & Vingtieſme : les Meſureurs
& Porteurs en nos Greniers à Sel, les Viſiteurs & Langayeurs de Porcs,& autres menus Offices de Police creez par Edicts, encores qu'ils ne ſoient particulierement exprimez par noſtredit Edict; Diſons, decla-
rons, & ordonnons en outre, que tous leſdits Offices de Police,dont les pourueus financeront en nos parties Caſuelles,les ſommes à quoy ils feront taxez en noſtre Conſeil, pour iouyr dudit droict d'heredité, ſuiuant noſtredit Edict du mois de Feurier; ne
feront ſujets à aucune reuente ſur leſdits
pourueus ny ſur leurs ſucceſſeurs, ny cenſez & reputez eſtre par eux tenus ou poſſedez,ſous la condition & faculté de rachapt
perpetuel, comme ſont les Offices de Notaires Royaux hereditaires eſtablis és Villes
& Paroiſſes de ce Royaume,diſtraits de noſtre Domaine: Et que ledit droict d'heredité attribué par noſtredit Edict auſdits
pourueus deſdits Offices,ne ſe pourra eſten-
dre qu'à leur benefice,& de leur premier re-
ſignataire ou ſucceſſeur en leurſditsOffices:
dont aduenant le decez, leſdits Offices ſeront conferuez à leurs heritiers , & par nous
& nos ſucceſſeurs pourueu à iceux de per-
ſonne

sonne suffisante & capable sur la demission
ou presentation desdits heritiers, sans pour
ce nous payer aucune nouuelle finance, ny
marc d'or: A la charge neátmoins que ceux
au profit desquels lesdits premiers resignataires aurót disposé desdits Offices, ne pourront iouyr de ladite heredité, & que venant
à deceder sans auoir resigné ou fait admettre leur résignation dans le temps accoustumé, leurs Officesdemeureront vaquans &
impetrables; ainsi que les autres-Offices dependans de nos parties Casuelles, dans lesquelles ils rentreront comme ils sont à present.

S I donnons en mandement à nostre
tres-cher & feal le sieur du Vair Garde des
Seaux de France, que ces presentes il face
publier & registrer aux registres de nostre
Chancellerie de France, & du contenu en
icelles iouyr & vser pleinement & paisible-
ment lesdits Officiers, leurs veufues, enfans
& heritiers, selon leur forme & teneur: Cessans & faisans cesser tous troubles & empeschemens au contraire : Car tel est nostre
plaisir, Nonobstát quelconques Lettres, Arrests & Reglemens a ce contraires. En tes-
moin de quoy, Nous auons fait mettre nostre seel à cesdites presentes.

C

DONNE' à Paris le vingt-neufiefme iour
d'Auril, l'an de grace mil fix cens vingt. Et
de noftre regne le dixiefme. Signé LOVIS.
Et fur le reply, Par le Roy: DE LOMENIE.
Et feellé fur double queuë du grand feau
de cire iaune. Et fur le mefme reply, au def-
fous eft encores efcrit:

*Leües, & publiées, le feau tenant, & regiftrées*
*ès regiftres de l'Audience de la Chancellerie de*
*France, par moy Confeiller, Secretaire du Roy*
*& de fes Finances, & grand Audiencier de*
*France, fous-figné. A Paris, le cinquiefme iour*
*de Iuin mil fix cens vingt.*

Signé,           DESPORTES.

# COMMISSION DV ROY,

*aux sieurs Commissaires generaux y denom-
mez, pour l'execution de sesdits Edict & Declaration: Portant pouuoir de reuendre les Offices y mentionnez, dont les pourueus n'aurôt
prins l'attribution de l'heredité d'iceux; &
d'en vendre & establir és lieux & endroits où
il n'en a encores esté estably depuis l'Edict de
leur creation.*

LOVIS par la grace de Dieu
Roy de France & de Nauar-
re; A nos amez & feaux, les
sieurs de Castille & Barentin,
Conseillers en nos Conseils
d'Estat, & le sieur Lormier, Conseiller en
nostre Cour des Aydes, Salut. Nous auons
par nostre Edict du mois de Feurier dernier,
verifié en nos Cours de Parlemét & des Aydes à Paris, le dix-huictiesme & vingt-qua-
triesme dudit mois; Et nos lettres de Declaration du vingt-neufiesme iour d'Auril dernier, leuës & regiſtrées en nostre Chancellerie, Voulu & ordonné, que les Offices de
Courtiers de Vins, Laines, Cuirs, & toutes
autres marchandises: Les Aulneurs & Visiteurs de draps & toiles: Les Vendeurs de

poiſſon de Mer, frais, ſec & ſalé : les Vendeurs de beſtial à pied fourché : les Meſureurs & Porteurs de Bleds & autres grains:
les Meſſagers ordinaires des Villes: les Iurez
Maçons & Charpétiers & Clercs de l'Eſcri-
toire: les Controolleurs des Plaſtres à Paris:
les Controolleurs & Gardes de nos Impoſitions és portes de ladite Ville, & autrés : les
Arpenteurs & Meſureurs Iurez des terres,
bois, eaux & foreſts; enſemble les Côtroolleurs des Ports, & Gardes deſdits Ports &
Portes: les Commiſſaires & Controolleurs
des Quatrieſmes, Huictieſmes, & Vingtieſ-
mes & autres menus Offices de nos Aydes:
les Meſureurs & Porteurs des greniers à Sel,
& les Viſiteurs, Langayeurs des Porcs, & autres petits Offices de Police ſans gages, Soiét
doreſnauant hereditaires, tenus & poſſedez
par ceux qui en iouyſſent à preſent, auec le
droict d'heredité, A la charge de nous payer
par les pourueus deſdits Offices finâce moderée par forme de ſupplément, pour l'attribution dudit droict d'heredité ſelon la taxe
qui en ſeroit faite en noſtre Conſeil: Côme
auſſi par noſdits Edict & Declaration, Nous
aurions voulu & ordonné qu'il ſeroit procedé par les Commiſſaires qui ſeroiét à ce par
nous deputez, à la vente & eſtabliſſement,

auec le droict d'heredité defdits Offices, és
lieux & endroits où ils n'auroient encores
efté eftablis depuis les Edicts de Creatiõ d'i-
ceux, ainfi qu'il eft plus amplement contenu
par noftredit Edit cy attaché fous le contre-
feel de noftre Chancellerie, auec noftredite
Declaration, contenant entre autres chofes
noftre intention fur la qualité de ladite heredité, & qu'elle n'eft point de rendre fujets
à la reuente, les Offices de ceux qui auront
payé ledit fupplément pour acquerir ladite
heredité. Et eftant befoin pour l'execution
defdits Edict & Declaration, commettre
perfonnages de fuffifance & capacité,
Nous pour ces caufes, & pour l'entiere con-
fiance que nous auons de voftre integrité,
fuffifance, experience & affection au bien
de noftre feruice, Vous auons commis & deputez, commettons & deputons par ces prefentes, pour en noftre nom & en vertu de
nofdits Edict & Declaration, eftablir lefdits
Offices en toutes les Villes, Bourgs, Paroif-
fes, lieux & endroits du reffort & eftenduë
de nofdites Cours de Parlemẽt & des Aydes
de Paris, où ils ne font encore eftablis; en tel
nombre que iugerez & aduiferez eftre ne-
ceffaire pour le bien de noftre feruice & cõ-
modité de nos fubjets: Et à cet effect proce-

derez à la véte & adiudicatiō defdits Offices
à tiltre d'heredité par fimples encheres, tier-
cemens & doublemens d'icelles, au plus of-
frant & dernier encherifleur; les folemnitez
en tel cas requifes, gardées & obferuées;
pour iouyr par les acquereurs des droicts at-
tribuez aufdits Offices, par lefdits Edicts de
creation, fans augmentation ou diminution
d'iceux. Et pour y proceder auec plus de
certitude, ferez auffi affigner deuant vous à
certain iour, lieu & heure, ceux qui font à
prefét pourueus defdits Offices par Lettres
de prouifion de nous, ou des Roys nos predeceffeurs: Enfemble ceux qui les exercent
en aucuns lieux, cōme y ayans efté nommez
& eftablis par les Communautez, ou autres
pretendans auoir droict d'y pourueoir: Et
encores ceux qui fe font introduits euxmef-
mes en la fonction defdites charges; ou par
matricules des Iuges des lieux, pour appor-
ter les tiltres en vertu defquels ils les tiennét
& poffedent: & fur iceux fera procedé à la
verification des finances entrées en nos coffres, & des fommes mentiōnées és contracts
d'acquifition, pour le regard de ceux qui
ont acquis lefdits Offices de particulier à
particulier, & nō directement de nous; dont
vous drefferez eftats & procez verbaux, cō-

tenans entre autres chofes les noms & fur-
noms des pourueus , & de ceux defquels ils
ont obtenu les prouifions, nominations ou
matricules, auec voftre aduis de la valeur de
chacun defdits Offices : Lefquels eftats &
procez verbaux vous enuoyerez en noftre
Confeil , le plus diligemment que faire fe
pourra, pour eftre procedé aux taxes dudit
fupplément pour ladite heredité: & ordõné
tant des fommes qui deurõt eftre rembour-
fées à ceux defdits Officiers , qui auront,
comme dit eft, acquis lefdits Offices de particuliers, & n'auront payé lefdites taxes dans
le temps pour ce prefix : que du droict defdites Communautez & autres , qui pretendent la faculté de pouruoir & nommer à
aucuns defdits Offices: Enfemble de ce qui
fera raifonnable de faire fur les dilayemens,
defauts ou refus de ceux qui aurõt manqué
à vous reprefenter leurfdits tiltres, aux affi-
gnations que vous leur aurez fait donner à
cefte fin: Voulant que pour le regard defdits
Officiers qui ont leué leurfdits Offices, directement ou indirectement en nos parties
Cafuelles, & n'auront payé lefdites taxes dás
ledit temps, les rembourfements en foient
par vous ordonnez fur lefdites verifications
qu'aurez faites de leurfdites finances, & que

procediez par l'ordre & forme fuſdite., à la
vente en heredité des Offices, tant deſdits
Officiers rembourſez,que de ceux qui n'auront voulu repreſenter leurs tiltres dans le
temps qui leur aura eſté ordonné ; eu égard
à la diſtance des lieux de leur demeure: ſauf
à pouruœir en apres à leur rembourſement
ainſi qu'il appartiendra:Pour,les deniersqui
prouiendront deſdites ventes,eſtre payez &
mis és mains de noſtre amé & feal Cõſeiller
& Treſorier de nos parties Caſuelles, M.
Honoré Barentin ou ſes Cõmis porteurs
de ſes quittances; ſur leſquélles leur ſeront
par vous expediez les Contrats de ventes,&
adiudications deſdites Offices , ſans que les
acquereurs ſoient adſtreints de payer aucun
droiĉt de marc d'or,dont nous les auons dé-
chargez & diſpenſez par noſdites lettres de
Declaration. Voulans auſſi que les ventes,
eſtabliſſemens , & adiudications qui ſeront
par vous faites,ou par deux de vous, en l'abſence de l'autre,ſoient de tel effeĉt, force &
vertu, que ſi elles auoient eſté faites en no-
ſtreCõſeil:Leſquelles nous auons dés à preſent validées & ratifiées,validons &ratifions
par ces preſentes,pour en iouyr par ceux qui
ſeront ainſi pouruœus ; nonobſtant oppoſitions ou appellations quelconques, & ſans
preiudice

preiudice d'icelles, dont nous auõs retenu &
reserué la cognoissance en nostre Conseil.
Et afin que les particuliers qui seront pourueus, ny lesdits opposans ou autres pretendans droicts ausdits Offices, ne soient tra-
uaillez de longues procedures & frais à la
suitte de nostredit Conseil, qu'ils ayent
prompte expedition, & que nous puissions
faire estat plus certain du secours que nous
attendons dé l'execution dudit Edict, Nous
voulons & ordonnons que les parties respe-
ctiuement soient tenuës mettre prompte-
ment leurs pieces par deuers vous, auec vn
brief inuentaire, sans autre reglement ny
formalité: pour sur le rapport qui en sera par
vous fait en nostredit Conseil, leur estre
fait droict ainsi qu'il appartiendra. Promet-
tant en foy & parole de Roy, auoir pour
bien agreable, tenir ferme & stable tout ce
qui sera par vous sur ce fait, geré & negocié
en execution de nostredit Edict, lettres de
Declaration & des presentes, circonstances
& dependances, sans souffrir y estre contreuenu en aucune maniere que ce soit. Et
estant besoin pour l'execution des presentes, que vous ayez pres de vous vn Greffier
qui soit d'experience & suffisance requise:
Nous deuëment informez de la personne,

D

de noſtre bien amé M. Baptiſte Garnier Rè-
ceueur des Aydes à Chaumont & Magny,
auons iceluy commis & ordonné en ladite
charge de Greffier; Auquel Garnier & nos
Huiſſiers, Sergens & autres perſonnes qui
ſeront employez en vertu de vos ordonná-
ces à l'effect & execution de ces preſentes,
ſera par vous fait taxe de leurs eſcritures,
iournées & vacations raiſonnablemẽt, ainſi
que vous aduiſerez en vos loyautez & con-
ſciences, reſeruãt de faire la taxe des voſtres
en noſtre Conſeil.    De ce faire vous donnons, & à deux de vous en l'abſence de l'autre, comme dit eſt cy deſſus, pouuoir, commiſſion & mandement ſpecial : Mandons
& commandõs à tous nos autres Iuſticiers,
Officiers & ſubiets, qu'à vous en ce faiſant
ils obeyſſent, donnent confort & ayde en ce
que par vous ſeront requis; Et à tous Huiſſiers & Sergens faire pour l'execution de
noſtredit Edict & lettres de Declaration,
vos ordonnances & choſes en dependãtes,
tous exploits de contraintes & executions
pour ce neceſſaires, ſans eſtre adſtraints de
demander aucun Congé, Placet, Viſa, ne
Pareatis; nonobſtant oppoſitions ou appellations quelconques, & ſans preiudice d'i-
celles; La cognoiſſance deſquelles nous

auons interdite & defenduë, interdifons &
defendōs à nos Cours de Parlement, Cours
des Aydes, & autres Iuges quelconques, &
icelle referuée & attribuée à nous & à noftre
Conſeil. Et pour ce que de ces preſentes on
pourra auoir affaire en diuers lieux , Nous
voulons qu'aux vidimus d'icelles faits ſous
ſeel Royal, ou collationnez par l'vn de nos
amez & feaux Conſeillers, Notaires & Se-
cretaires, foy ſoit adiouſtée comme au preſent original, Car tel eſt noſtre plaiſir: Nonobſtant auſſi toutes Ordonnances , mande-
mens , defenſes , prinſe à partie , & Lettres à
ce contraires.   Donné à Paris le premier
iour de Iuin, l'an de grace mil ſix cens vingt:
Et de noſtre regne le vnzieſme. Signé, Par
le Roy en ſon Conſeil, BARDEAV. Et ſeellé
du grand ſeau ſur ſimple queuë en cire
iaune.

# EXTRAIT DES REGI-
## *ſtres du Conſeil d'Eſtat.*

SVR ce qui a eſté remonſtré au Roy en ſon Conſeil: Encores que par ſes Lettres Patentes côtenans le pouuoir aux Commiſſaires deputez par ſa Majeſté, de mettre à execution l'Edict du mois de Feurier dernier, portant attribution d'heredité aux Offices de Police, & autres y mentionnez: Reuente de ceux dont les pourueus n'auront pris ladite attribution, & la vente & eſtabliſſement deſdits Offices és lieux où il n'y en a eſté pourueu depuis les Edicts de leur creation, & lettres de Declaration ſur ledit Edict du vingt-neufieſme Auril enſuiuant: Il ſoit mandé auſdits Commiſſaires de proceder à la verification des tiltres de ceux pourueus deſdits Offices, tant par ſa Majeſté & ſes predeceſſeurs, que par les Seigneurs & Communautez qui pretendẽt auoir droict d'y nommer & pourueoir, & encores de ceux qui ſe ſont introduits eux-meſmes, ou par matricules des Iuges en la fonction deſdites charges, quelle finance ils ont payée pour la compoſition deſdits Offi-

ces : & de tout enuoyer les procez verbaux
audit Conseil, afin qu'auec plus de certitude
il fust procedé, tant aux taxes de l'heredité
des offices ausquels a esté pourueu par sa
Majesté, qu'à la vente en heredité de ceux
desdits offices qui n'ont encores esté establis : Neantmoins à cause de la distance des
lieux où le plus grand nombre desdits officiers reside, la verification desdits tiltres
ne se peut faire sans les vexer & incommo-
der grandement, daurant que la plufpart
desdits offices sont de si peu de valeur, que
la despense qu'il conuiendroit faire, excede-
roit le prix : A raison dequoy, il seroit besoin
pour le soulagemét des sujets de sa Majesté,
commettre dans les Prouinces esloignées,
des officiers des lieux, pour proceder à la verification des tiltres, tant desdits pourueus,
que desdits Seigneurs & Communautez,
ensemble pour donner leur aduis ausdits
Commissaires generaux de la valeur & reuenu d'iceux, & du nombre qu'il sera necessaire establir és lieux où il n'y en a eu depuis
les Edicts de leur creation : Comme aussi
pour faciliter la vente desdits offices qui
restent à establir partout ce Royaume, Il
seroit necessaire de donner pouuoir à ceux
qui en seront adiudicataires & pourueus,

ſoit en gros par Elections; ou en particulier;
de commettre en leur lieu & place à l'exercice d'iceux, ou les bailler à ferme, & ſpecia-
lement ceux de peu de conſequence: Côme
Courtiers de Vins, Laines, Cuirs & autres
marchandiſes, Aulneurs & Viſiteurs de
Draps, Toiles, Vendeurs de Poiſſon de Mer,
frais, ſec & ſalé, Vendeurs de beſtial à pied
fourché, Meſureurs & Porteurs de Bleds &
autres grains: Meſſagers ordinaires des villes, Commiſſaires & Côtroolleurs des Quatrieſme, Huictieſme, & Vingtieſme : Meſureurs & Porteurs de Sel, & autres mentionnez eſdits Edict & Declaration, ainſi qu'il
eſt accouſtumé faire, & qu'il a eſté practiqué
pour les autres offices cy deuant vendus en
heredité.   Veu par le Roy en ſon Conſeil
leſdits Edict du mois de Feurier dernier, Arreſt dudit Conſeil du huictieſme Auril, Lettres de Declaration du vingt-neufieſme dudit mois, & la Commiſſion du premier iour
de Iuin enſuiuant:

Le Roy en ſon Conſeil, a ordonné & ordonne que par les officiers des lieux qui ſeront commis & deputez par leſdits Commiſſaires generaux, il ſera procedé à la verification de la finance de ceux qui ont cy deuant eſté pourueus deſdits offices, de la va-

leur d'iceux, & des tiltres des Seigneurs &
Communautez qui pretédent auoir droict
d'y nommer ou pourueoir : dont ils dresse-
ront procez verbaux, qu'ils enuoyeront in-
continent par deuers lesdits Commissaires
generaux auec leur aduis, pour seruir tant à
la taxe de l'heredité de ceux qui se trouue-
ront bien & deuëment pourueus, qu'à l'esta-
blissement desdits offices és lieux & endroits où ils n'ont encores esté establis. Et
outre sa Majesté a permis, tant aux anciens
pourueus qui auront financé pour l'heredité, qu'à ceux qui seront establis en conse-
quence desdits Edict & Declaration de cô-
mettre à l'exercice desdites charges de
Courtiers de Vins, Laines, Cuirs, & autres
marchandises : Aulneurs & Visiteurs de
Draps, Toiles: Vendeurs de Poisson de Mer,
frais, sec & salé : Vendeurs de bestial à pied
fourché: Mesureurs & Porteurs de Bleds &
autres grains: Messagers ordinaires des Villes, Commissaires & Controolleurs des
Quatriesmes, Huictiesmes, & Vingtiesmes
esdites Villes & Bourgs: Mesureurs & Porteurs de Sel, & autres mentionnez esdits
Edict & Declaration;ou iceux bailler à ferme à telles personnes capables qu'ils verront
bon estre,dont ils demeurerôt responsables

ciuilement; A la charge que lefdits Commiſ-
fionnaires ou Fermiers feront tenus faire
ferment pardeuant les Iuges des lieux, auſ-
quels la cognoiſſance en appartient par les
Ordonnances; fans que lefdits titulaires &
leurs Commis puiſſent pretendre qu'vn feul
falaire pour leurs droicts & vacations.

Faict au Conſeil d'Eftat du Roy tenu à
Briſſac, le treizieſme iour d'Aouſt, mil fix
cens vingt,     Signé,     MALIER.

*Le preſent Arreſt a eſte de l'ordonnance de Meſſieurs*
*les Commiſſaires generaux enregiſtré au Greffe de la*
*Commiſſion, par moy Commis par le Roy au Greffe de*
*ladite Commiſſion, fous-ſigné. A Paris le dix-huiſ-*
*tieſme iour d'Aouſt, mil fix cens vingt.*
    Signé,     GARNIER.